# 居敬堂文房古玩 3

## 阅　是　編

浙江人民美術出版社

圖書在版編目（ＣＩＰ）數據

居敬堂文房古玩 3 / 閱是編. —— 杭州 ：浙江人民
美術出版社，2018.4（2018.7重印）
  ISBN 978-7-5340-6564-4

  Ⅰ．①居    Ⅱ．①閱    Ⅲ．①文化用品－收藏－中國
－古代－圖録  Ⅳ．①G262.8-64

  中國版本圖書館CIP數據核字(2018)第049213號

# 居敬堂文房古玩 3
## 閱　是　編

責任編輯　楊　晶
文字編輯　傅笛揚　羅仕通　張金輝
裝幀設計　陸豐川
責任印製　陳柏榮

出版發行　浙江人民美術出版社
　　　　　（杭州市體育場路 347 號）
網　　址　http://mss.zjcb.com
經　　銷　全國各地新華書店
製　　版　杭州富春電子印務有限公司
印　　刷　杭州富春電子印務有限公司
版　　次　2018 年 4 月第 1 版·第 1 次印刷　2018 年 7 月第 1 版·第 2 次印刷
開　　本　889mm×1194mm 1/16
印　　張　7.25
書　　號　ISBN 978-7-5340-6564-4
定　　價　300.00 圓

# 前　言

　　"美成在久"，語出《莊子·人間世》。但凡美好之物，都需經日月流光打磨，才能日臻至善。一蹴而就者，哪能經得起歲月的考驗？真正的美善，一定是"用時間來打磨時間的產物"——卓越的藝術品即如此，有社會責任感的藝術拍賣亦如此。

　　西泠印社的文脈已延綿百年，西泠拍賣自成立至今，始終以學術指導拍賣，從藝術的廣度與深度出發，守護傳統，傳承文明，創新門類。每一年，我們秉持著"誠信、創新、堅持"的宗旨，徵集海內外的藝術精品，通過各地的免費鑒定與巡展、預展拍賣、公益講堂等形式，倡導"藝術融入生活"的理念，使更多人參與到藝術收藏拍賣中來。

　　回望藝術發展的長河，如果沒有那些大藏家、藝術商的梳理和遞藏，現在我們就很難去研究當時的藝術脈絡，很難去探尋當時的社會文化風貌。今時今日，我們所做的藝術拍賣，不僅著眼于藝術市場與藝術研究的聯動，更多是對文化與藝術的傳播和普及。

　　進入大眾的視野，提升其文化修養與生活品味，藝術所承載的傳統與文明才能真正達到"美成在久"——我們出版整套西泠印社拍賣會圖錄的想法正源於此。上千件躍然紙上的藝術品，涵括了中國書畫、名人手跡、古籍善本、篆刻印石、歷代名硯、文房古玩、庭院石雕、紫砂藝術、中國歷代錢幣、油畫雕塑、漫畫插圖、陳年名酒、當代玉雕等各個藝術門類，蘊含了民族的優秀傳統與文化，雅致且具有靈魂，有時間細細品味，與它們對話，會給人以超越時空的智慧。

　　現在，就讓我們隨著墨香沁人的書頁，開啟一場博物藝文之旅。

# 目　録
## CONTENTS

**3338**

清・紅木博古架

QING DYNASTY  A MAHOGANY DISPLAY CABINET

高：56.1cm　長：43cm　寬：22.7cm

RMB: 10,000－20,000

3339

清·紅木嵌雲石插屏

銘文：秋山□□。隱□□疏鐘，依稀□□中，試向秋山望，楓林葉已紅。白龍居士。□（白）。□（白）。

說明：原配紅木座托。

QING DYNASTY A MARBLE-INLAID MAHOGANY TABLE SCREEN

高：70cm　長：53cm　寬：23cm

RMB: 50,000－80,000

3340
清·紅木雕西番蓮紋座架

QING DYNASTY  A MAHOGANY RACK WITH PASSION FLOWER PATTERN

高：38cm
RMB: 30,000—50,000

說明：麵條櫃是明式傢俱中最經典的櫃子，上窄下寬，又稱"大小頭"，顯然是底下大，上面小。
　　　此麵條櫃集美觀與實用為一體，色澤穩重，造型線條簡潔明快。

## QING DYNASTY A ZITAN CABINET

高：54cm　長：40.2cm　寬：21.4cm
RMB: 120,000－160,000

3342

清 · 紅木嵌百寶清供圖插屏

QING DYNASTY  A GEM-INLAID MAHOGANY TABLE SCREEN

高：76.5cm  長：48.5cm  寬：23cm

RMB: 30,000－50,000

3343

清・章士釗銘紅木嵌雲石圓桌

銘文：崇山道氣。西遊萬里已関天，采藥名山亦宿緣。老柏干霄如許壽，
　　　幽花泣露為谁妍？苔口石磴捫蘿上，燈耿雲房掃榻眠。安得仙翁
　　　索米術，一生口口弄寒泉。章士釗。章士釗（朱）。

QING DYNASTY  A MARBLE-INLAID MAHOGANY TABLE
INSCRIBED BY ZHANG SHIZHAO

高：83.5cm　直徑：84cm

RMB: 120,000－150,000

銘者簡介：章士釗（1881～1973），字行嚴，一作行岩，別號孤桐，別
　　　　署章丘生、黃中黃等，湖南善化（今長沙）人。工書法。新
　　　　中國成立後，任政務院法制委員會委員、全國人大常委、政
　　　　協全國常委、中央文史研究館館長等職。

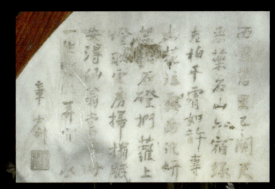

桌面銘文

3344

清 · 紅木嵌雲石插屏

銘文：遠眺秋崗。試向秋崗望，方知節候殊。風聲千
葉動，寒影一巢孤。衣白汪焜口。口（朱）。
白（朱）。

QING DYNASTY　A MARBLE-INLAID
MAHOGANY TABLE SCREEN

高：99.5cm　長：42cm　寬：21cm

RMB: 80,000－100,000

3345

清·伯元款紅木嵌雲石插屏

銘文：嶙峋□翠。仿元人筆法王傑刻。伯元（白）。

QING DYNASTY A MARBLE-INLAID MAHOGANY TABLE SCREEN WITH 'BO YUAN' MARK

高：71.5cm 長：46cm 寬：26cm

RMB: 80,000－100,000

款者簡介：阮元（1764～1849），字伯元，號芸台、蘗經老人，江蘇儀徵人。乾隆年間進士，選為翰林院庶起士、編修，後任湖廣、兩廣、雲貴總督。道光十八年（1838）以體仁閣大學士致仕。他擅長考證，精通經學。自著為《研經室集》。

**3346**

清・小松款紅木嵌雲石插屏

銘文：春山云壁。辛亥六月錢唐黃易刻。小松（朱）。

QING DYNASTY  A MARBLE-INLAID MAHOGANY TABLE SCREEN WITH 'XIAO SONG' MARK

高：79cm　長：43cm　寬：22cm

RMB: 50,000－80,000

款者簡介：黃易（1744～1802），字大易，號小松、秋盦，別署秋景庵主、散花灘人、蓮宗弟子，浙江杭州人。樹穀子。曾官濟寧同知。工詩文，
善金石書畫，擅長碑版鑒別、考證，又好蓄金石，甲於一時。篆刻曾師事丁敬，兼及宋元諸家，工穩生動，醇厚淵雅，有所創新。與丁敬、
蔣仁、奚岡齊名，為"西泠八家"之一。擅山水，兼工花卉。工隸書，參與鐘鼎，愈見古雅。

3347

清·紅木嵌青花山水紋瓷板圓桌

說明：此桌桌面攢框嵌青花瓷板，牙板鏤空拱璧拐子紋，纏連不絕。足外翻飾蕉葉轉珠，下部
　　　腿間為配拖泥，鏤空如意靈芝紋，繁密滿工，蔚為美觀。此件圓桌，既可花間飲酒，又
　　　可朗庭賞月，多皆適宜。

QING DYNASTY A BLUE-AND-WHITE PORCELAIN PLAQUE-INLAID
MAHOGANY TABLE

高：84cm　直徑：81cm
RMB: 180,000－220,000

**3348**

清·紅木嵌癭木螭龍紋半桌一組兩件

說明：圓半桌亦可稱"月牙桌"，是傳統傢俱之一。此對半桌為紅木製，桌面鑲嵌癭木，桌面下
有束腰，腿以夾角榫與上連接，牙板與桌腿浮雕螭龍紋，四足中間有托泥，飾以卷草紋
與螭龍紋。月牙桌靈活、秀氣，不僅合併起來和圓桌有一樣的用途和效果，還以它獨特
的結構達到便於拆分的特點，使得在空間上得以合理利用。月牙桌平時可分開對稱擺放，
多在寢室和較小的場合使用，可靠牆或臨窗，上置花瓶、古董等陳設品，別有一番風味。

QING DYNASTY A GROUP OF TWO BURL-INLAID MAHOGANY TABLES
WITH 'CHI' PATTERNS

1. 高：85cm 直徑：102cm
2. 高：85cm 直徑：102cm
數量：2
RMB: 350,000－400,000

3349

近代·國權款黃楊木雕八仙立像一組八件

款識：國權

說明：此套黃楊木雕八仙立像雕工精到，人物形態各異，表情生動傳神，成套保留，
　　　品相尚好，實屬不易。配紅木底座。

## MODERN TIMES  A GROUP OF BOXWOOD FIGURES OF THE EIGHT IMMORTALS

1. 帶座高：19.5cm　2. 帶座高：19cm　3. 帶座高：18.5cm　4. 帶座高：19cm
5. 帶座高：19cm　6. 帶座高：19.5cm　7. 帶座高：19.5cm　8. 帶座高：19.5cm

數量：8

RMB: 160,000－200,000

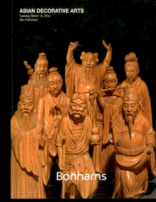

ASIAN DECORATIVE ARTS
Tuesday March 10, 2015
San Francisco

Bonhams

3350
清·銅鎏金托塔李天王像

說明：在中國神話中，李靖又稱托塔李天王，
　　　是著名的道教護法神，也是中壇元帥哪
　　　吒的父親，協助武王克殷有功，後位列
　　　仙班。此尊托塔天王站姿筆直，頭戴寶
　　　冠，身披鎧甲，表現細膩，有如風吹過
　　　一般；飄帶垂於肩前，下著戰裙，足蹬
　　　戰靴，右手下垂，左手托寶塔，姿態雄
　　　健有力，身軀動態感極美，面部表情威
　　　嚴凝重，令人生畏。此像鑄造工藝精美，
　　　鎧甲結構表現寫實，表現了清代工藝的
　　　較高水準。

QING DYNASTY  A GILT-BRONZE
FIGURE OF HEAVENLY KING

高：46cm
RMB: 280,000—350,000

3351

清·黃楊木雕鐵拐李立像

QING DYNASTY  A BOXWOOD FIGURE OF IMMORTAL

高：28.5cm

RMB: 15,000—30,000

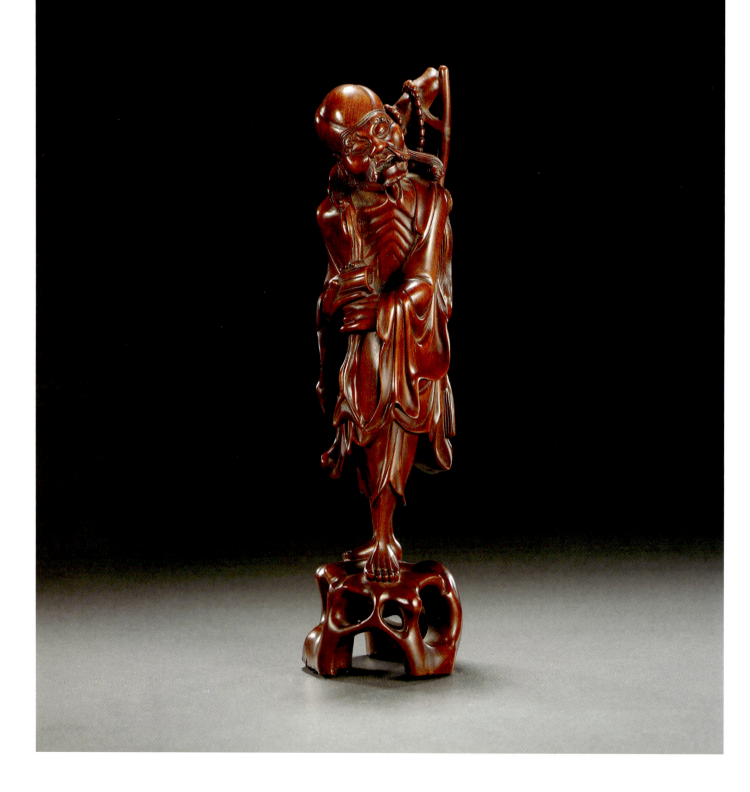

清·黃楊木雕鐵拐李立像

3352
清·錢崖山人款黃楊木雕竹節紋如意

款識：錢崖山人
說明：原配日本老盒。

## QING DYNASTY  A BOXWOOD 'RU YI' SCEPTER WITH BAMBOO
## PATTERN AND 'QIAN YA SHAN REN' MARK

長：42cm
RMB: 25,000－30,000

款者簡介：錢崖，字叔崖，號瘦鐵，1897年出生於江蘇無錫，上海美專教授，現代著名的愛國
　　　　　書畫篆刻大師。篆刻作品出版於《瘦鐵印存》《錢瘦鐵畫集》等。

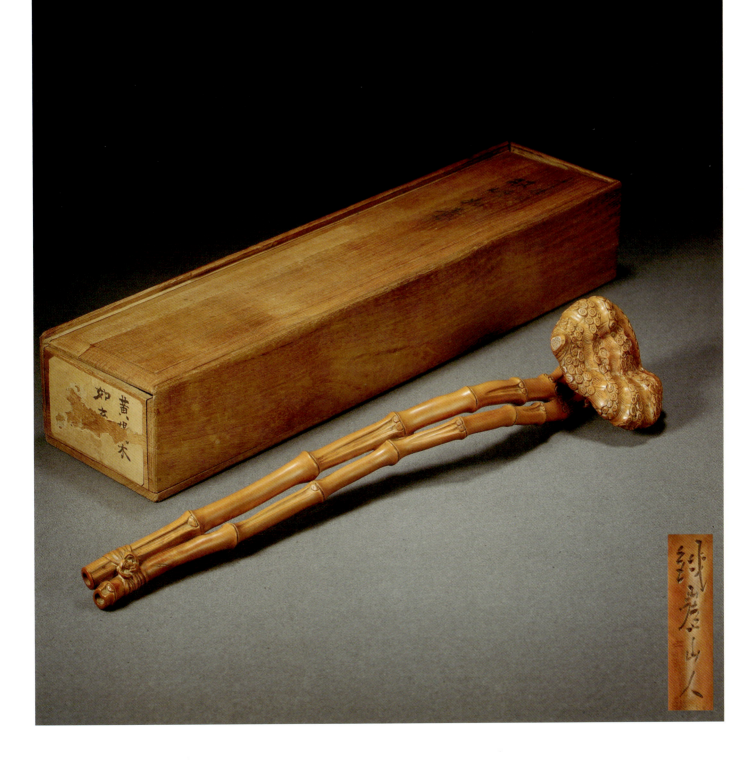

**3353**

清·黃楊木雕詩文蘭花圖筆筒

銘文：家無讀書子，官從何處來。□湯氏寫。

QING DYNASTY  A BOXWOOD BRUSHPOT WITH ORCHID PATTERN AND
INSCRIPTION

高：11.5cm　直徑：5.2cm

RMB: 25,000－30,000

背面銘文

3354
清·紫檀嵌百寶桑葚紋筆筒

QING DYNASTY  A GEM-INLAID ZITAN BRUSHPOT WITH MULBERRY
PATTERN

高：10cm　直徑：5.7cm
RMB: 50,000－80,000

3355
紫檀雕葵形筆筒

A LOBED ZITAN BRUSHPOT
高：11.5cm　直徑：10.7cm
RMB: 25,000－30,000

3356
清·紫檀筆筒

QING DYNASTY A ZITAN BRUSHPOT
高：15.1cm　直徑：16cm
RMB: 40,000－60,000

3357
清·方琮銘紫檀刻山水松居圖筆筒

銘文：臣方琮恭畫。臣（朱）。琮（白）。

說明：此筆筒擇取黑中泛紅的紫檀美材所製，自口沿到底足漸收，筒身線刻山水松居圖，線條
　　　流暢，刀工純熟，筆筒包漿瑩潤典雅，熠熠有光，為文人鍾愛的文房雅玩。

## QING DYNASTY  A ZITAN BRUSHPOT WITH LANDSCAPE PATTERN
## INSCRIBED BY FANG CONG

高：14.1cm　直徑：13.1cm

RMB: 30,000－50,000

銘者簡介：方琮（清），字黃山，山水宗黃公望。曾蒙欽題。按讀畫輯略作字友璜，號石顛，浙
　　　　江人。善山水，從學於張宗蒼深得其傳，供奉內廷。有仿王希孟江山千里圖卷。

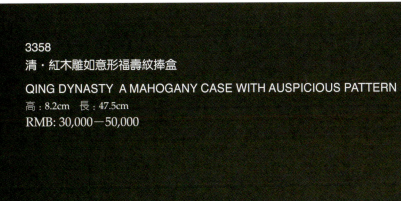

3358
清·紅木雕如意形福壽紋捧盒

QING DYNASTY  A MAHOGANY CASE WITH AUSPICIOUS PATTERN

高：8.2cm　長：47.5cm

RMB: 30,000—50,000

3359
清·黃花梨文具盒

QING DYNASTY  A HUANGHUALI STATIONARY CASE
高：8.1cm　長：18.5cm　寬：18.5cm
RMB: 30,000－50,000

3360
清・乾隆年製款掐絲琺瑯大吉葫蘆形掛瓶一對
款識：乾隆年製

QING DYNASTY  A PAIR OF CLOISONNE ENAMEL 'GOURD' HANGING
VASES WITH 'QIANLONG' MARK

1. 長：37cm
2. 長：37cm
數量：2
RMB: 80,000－120,000

3361
清・蟬形澄泥硯
說明：原配紫檀錯銀絲盒。

QING DYNASTY   A CHENGNI 'CICADA'
INKSTONE

長：10.5cm   寬：7.5cm
RMB: 20,000－30,000

3362

清·乾隆御銘風字歙硯

銘文：1. 大塊噫氣，其名曰風。天成取象，製此陶泓。
綿几批諾綸綍，成君子之德，惕予衷，敢
曰萬方無不從。乾隆御銘。含輝（白）。會
心不遠（朱）。德充符（白）。
2. 仿宋天成風字硯。

QING DYNASTY A SHE INKSTONE WITH
'QIANLONG' MARK

長：1.4cm　寬：10.3cm
RMB: 20,000－30,000

3363
清·白玉雕螭龍紋穿心佩

QING DYNASTY  A WHITE JADE
PENDANT WITH 'CHI' PATTERN

長：5.6cm
RMB: 10,000－20,000

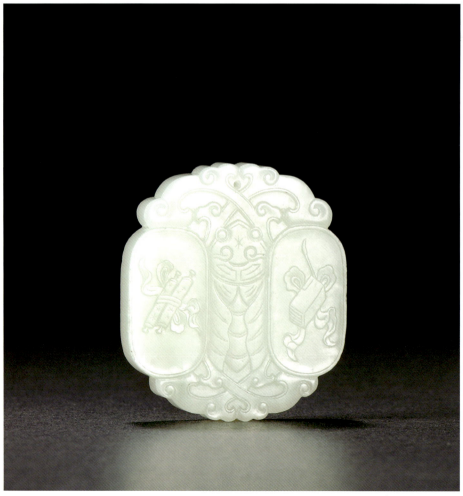

3364
白玉雕八寶紋掛件

A WHITE JADE PENDANT WITH
AUSPICIOUS PATTERN

長：5.5cm
RMB: 10,000－20,000

3365

明・帶沁玉雕熊把件

MING DYNASTY A RUSSET JADE
BEAR

高：3.2cm

RMB: 15,000－20,000

3366

明・八卦紋玉琮

MING DYNASTY A JADE ORNAMENT
WITH EIGHT-DIAGRAM PATTERN,
*CONG*

高：4.5cm 長：8.4cm 寬：8.3cm

RMB: 40,000－50,000

3367
清・白玉雕荷葉形筆洗

QING DYNASTY  A WHITE JADE
'LOTUS-LEAF' BRUSH WASHER

高：5.4cm　長：14.2cm
RMB: 20,000－30,000

3368
清・白玉雕瑞獸擺件

QING DYNASTY  A WHITE JADE
BEAST

高：3.8cm　長：13.8cm
RMB: 15,000－20,000

3369
清·翡翠雕雙象耳鼻煙壺
QING DYNASTY  A JADEITE SNUFF
BOTTLE WITH ELEPHANT HANDLES
高：5.3cm
RMB: 35,000－45,000

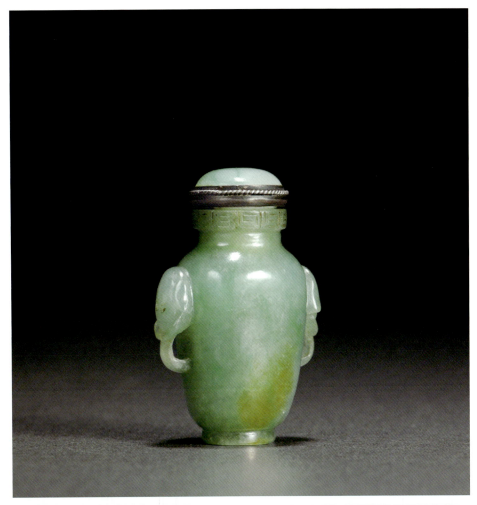

3370
民國·硨磲筆架及硨磲海棠形螭龍紋蓋
盒一組兩件
REPUBLIC OF CHINA  A TRIDACNA
BRUSH HOLDER AND A TRIDACNA
'BEGONIA' CASE AND COVER WITH
'CHI' PATTERN
1. 筆架高：4.5cm　長：11.5cm
2. 蓋盒高：3.3cm　長：11.5cm　寬：9cm
數量：2
RMB: 30,000－40,000

3371

清·翡翠浮雕花卉紋文具盒

款識：乾隆年製

QING DYNASTY  A JADEITE STATIONARY CASE WITH FLORAL PATTERN

高：4.8cm　長：15.3cm　寬：9.3cm

RMB: 20,000－30,000

民國・翡翠雕荷花紋蓋瓶

說明：原配紅木嵌銀絲座。

REPUBLIC OF CHINA  A JADEITE VASE AND COVER WITH LOTUS
PATTERN

帶座高：27cm

RMB: 30,000－50,000

3373

清 · 白玉雕螭龍雲紋璧

QING DYNASTY  A WHITE JADE DISC WITH CLOUD AND DRAGON
PATTERNS

直徑：6cm

RMB: 10,000－20,000

3374

清·白玉雕蘭亭序圖筒爐

說明：此件玉質筒式爐掏膛整挖，以墨玉之巧色作口沿爐底，頗具匠心。外壁陰刻山水
　　　高士雲遊雅集，畫面與王羲之《蘭亭序》中"此地有崇山峻嶺，茂林修竹，又有
　　　清流激湍，映帶左右，引以為流暢曲水，列坐其次。"相呼應，賢者或對飲對弈，
　　　或賞畫吟詩，暢達於天地。

QING DYNASTY　A WHITE JADE CENSER WITH LANDSCAPE
PATTERN

高：5.4cm　直徑：5cm

RMB: 40,000－60,000

局部細節

3375
清·白玉雕太平有象筆舔
QING DYNASTY  A WHITE JADE SCHOLARLY OBJECT WITH ELEPHANT
PATTERN
長：13.2cm  寬：9.2cm
RMB: 10,000—20,000

3376
清 · 白玉雕纏枝花卉紋倭角印泥盒

QING DYNASTY A WHITE JADE INKPAD BOX WITH FLORAL PATTERN

高：3.5cm 長：6cm 寬：4.7cm
RMB: 30,000－50,000

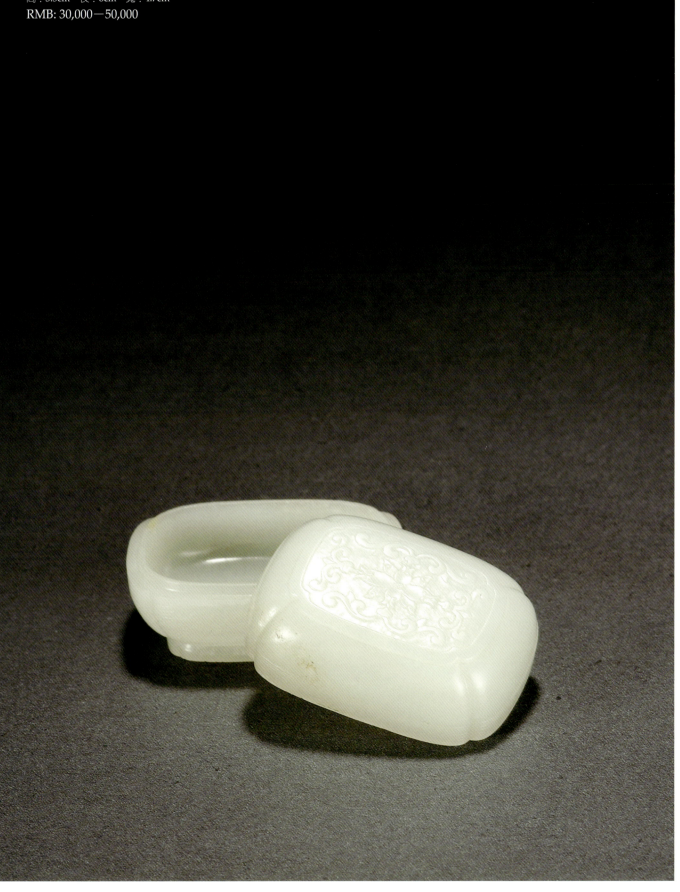

3377
清·白玉帶沁雕吉象擺件

QING DYNASTY  A RUSSET JADE ELEPHANT
高：4cm
RMB: 10,000－20,000

3378
清·白玉猴把件

QING DYNASTY  A WHITE JADE MONKEY

長：4.7cm

RMB: 25,000－30,000

3378
清·白玉猴把件

QING DYNASTY  A WHITE JADE MONKEY

3379

明·白玉獸面紋方形蓋盒

說明：蓋盒白玉為材，呈四方形，蓋盒為子母口，四邊出戟裝飾，下承圈足，盒面浮雕獸面紋，
輔以陰刻幾何紋作裝飾。此蓋盒掏膛規整，壁面平滑，實為案頭賞玩之雅品。原配紅木座。

MING DYNASTY　A WHITE JADE CASE WITH BEAST PATTERN AND
COVER

帶座高：6.8cm　高：4.3cm
RMB: 50,000－60,000

3380
清乾隆・白玉雕劉海戲金蟾擺件

QIANLONG PERIOD, QING DYNASTY  A WHITE JADE CARVING
帶座高：18.6cm  高：12cm
RMB: 50,000－80,000

背面紋飾

**3381**
**清・白玉雕福慶有餘圖牌**
背部銘文：金甌永固

QING DYNASTY A WHITE JADE PLAQUE WITH
AUSPICIOUS PATTERN

長：5.2cm 寬：3.2cm
RMB: 25,000－30,000

背面銘文

3382
清·翡翠雕荷葉紋擺件
說明：原配紅木座。

QING DYNASTY  A JADEITE CARVING WITH LOTUS PATTERN
帶座高：9.3cm
RMB: 20,000－30,000

3383

南宋·湖田窯鏤空纏枝花紋香薰

款識：吳求口香

說明：唐宋以來，中國藝術文化發酵成熟。在文人階層的引領之下，琴棋書畫漸為時尚，衣食
　　　住行均有講究。在這種文化大背景下，薰香也開始發展成為一種藝術，一種生活方式。
　　　北宋王禹偁在《黃州新建小竹樓記》有言，"公退之暇，手持《周易》一卷，焚香默坐，
　　　消遣事慮"。瓷質的香薰較為少見，應為宋代貴族使用。
　　　此香薰蓋呈半圓形、鏤孔裝飾纏枝花紋，形成出香口；身為子母口、腹部刻仰蓮瓣紋，
　　　下承雲台形足。器外壁滿施青白釉，釉面瑩潤，胎質潔白細膩，製作精細。

SOUTHERN SONG DYNASTY　A 'HUTIAN' INCENSE BURNER WITH
FLORAL PATTERN

高：7.2cm

RMB: 160,000－180,000

3384

南宋・湖田窯影青釉人物坐姿水注

說明：湖田窯以燒製青白釉瓷器聞名。青白釉青中有白，白中閃青，以
　　　介於青白二色之間而名。青白釉瓷胎體輕薄，所印、刻的花紋迎
　　　光透視，內外可見。景德鎮燒造青白釉瓷的窯廠很多，以湖田窯
　　　規模最大，其產品種類豐富，品質精良，最具代表性。
　　　硯滴作鼓形，下承六角形台座，上置童子形滴管，構思精巧，製
　　　作精良，為湖田窯文房瓷精品。

SOUTHERN SONG DYNASTY A 'HUTIAN' PALE
CELADON-GLAZED 'FIGURE' SCHOLARLY OBJECT

高：13cm

RMB: 180,000－250,000

南宋·湖田窑影青釉人物坐姿水注

3385
宋·影青茶盏一組（兩件）

SONG DYNASTY  A PALE CELADON-GLAZED TEA BOWL WITH SAUCER

帶座高：6.1cm　高：4.4cm
RMB: 35,000－50,000

3386

南宋・湖田窯影青釉鳳穿牡丹紋碗一對

SOUTHERN SONG DYNASTY  A GROUP OF TWO 'HUTIAN' CELADON
DISHES WITH PHOENIX AND PEONY PATTERNS

1. 高：4cm　□徑：18cm
2. 高：4.2cm　□徑：18cm
數量：2
RMB: 20,000－30,000

南宋・湖田窯影青釉鳳穿牡丹紋碗一對

SOUTHERN SONG DYNASTY  A GROUP OF TWO 'HUTIAN' CELADON
DISHES WITH PHOENIX AND PEONY PATTERNS

3387

南宋・龍泉窯粉青釉折沿洗

說明：龍泉窯是宋代南方青瓷的代表性窯口，窯址位於浙江省龍泉市。南宋時期燒造到達頂峰，
　　　粉青、梅子青等釉色相繼出現。此件南宋粉青折沿洗唇口折沿、斜直壁，窄圈足，圈足
　　　削修規整，造型端莊秀美，粉青釉細膩棉滑，而圈足露胎處青灰胎體堅密，體現了南宋
　　　燒製工藝的純熟。

SOUTHERN SONG DYNASTY　A 'LONGQUAN' PALECELADON-GLAZED
BRUSH WASHER

高：5.6cm　　口徑：11.1cm

RMB: 120,000－160,000

3388

南宋·龍泉窯三足鼎式爐

說明：爐折沿口，束頸，鼓腹，下承三管狀足，上置雙立耳，平底，露胎火石紅。胎質堅細，
    釉層肥潤。此種仿青銅鼎造型的香爐較為少見，此爐器形規整大氣，釉水透亮，品相完整，
    為難得的收藏佳品。

## SOUTHERN SONG DYNASTY  A 'LONGQUAN' CELADON TRIPOD CENSER

高：14.2cm　口徑：12.6cm

RMB: 260,000－300,000

3389

北宋·越窯劃鸚鵡紋粉盒

說明：粉盒為越窯常見之作品，此件粉盒淺腹，圈足外撇，支釘燒，蓋微隆，面平整。蓋面用
細線劃鸚鵡紋，情態生動，刀法嫻熟，充滿藝術魅力。通體內外施青釉，色澤青綠，為
越窯瓷之精品佳作。

NORTHERN SONG DYNASTY  A 'YUE' POWDER CASE WITH PARROT
PATTERN

高：4cm　口徑：12cm
RMB: 500,000－600,000

3390

明·銅簋式爐

**MING DYNASTY A 'GUI'-STYLE BRONZE CENSER**

高：8.7cm 通徑：20cm 重：1011g

RMB: 20,000—30,000

3391

晚明·胡文明製海八怪紋簋式爐

款識：雲間胡文明製

說明：此爐型為簋式，傳自上古鼎彝之器。闊口，頸微束，紋飾分為三段，工藝繁複。於頸部
　　　一周起卷草紋，腹部裝飾一周海八怪，在洶湧的波濤間，各色海獸奔逐嬉戲，雕飾精細，
　　　至底部做纏枝花卉紋。雙耳之上亦有雙螭龍紋，極見巧思。此器工精銅佳，生動之極。

LATE MING DYNASTY  A 'GUI'-STYLE BRONZE CENSER WITH MYTHICAL
BEAST PATTERN MADE BY HU WENMING

高：9.3cm　通徑：20.3cm　重：1749g

RMB: 80,000－120,000

作者簡介：胡文明，明萬曆年間雲間人（今上海松江）人，《雲間雜誌》載："按古式制彝鼎尊
　　　卣之屬極精，價亦甚高，誓不傳他姓。時禮帖稱'胡爐'，後亦珍之。"

3392
明·銅獸面紋四方鼎式香薰
說明：原配紅木座。

MING DYNASTY A BRONZE INCENSE BURNER WITH BEAST PATTERN
帶座高：23.4cm　高：19.8cm
RMB: 18,000－30,000

3393

清 · 吳邦佐款銅橋耳三足爐

款識：大明宣德五年監督工部官臣吳邦佐造

說明：此件銅橋耳爐特殊之處在於爐底與內腔皆有鑄款，爐底團龍紋飾中鑄有 "大明宣德五年監督工部官臣吳邦佐造" 楷書款，而內腔則為篆書款，此鑄造工藝較為罕見，頗具收藏價值。

QING DYNASTY  A TRIPOD BRONZE CENSER WITH 'WU BANG ZUO' MARK

高：17.2cm　通徑：26.4cm　重：6264g

RMB: 60,000－80,000

爐底款識

爐內款識

3394

清·張鳴岐製款銅手爐

款識：張鳴岐製

QING DYNASTY　A BRONZE HAND WARMER WITH 'ZHANG MING QI'
MARK

高：12.5cm　長：19.3cm　寬：14.2cm　重：1293g

RMB: 10,000－20,000

款者簡介：張鳴岐，嘉興人，明代製爐名家。他以上好紅銅製爐，人稱 "張爐"。據《鑒物廣識》、
　　　　《新溪雜詠小集》、《梵天爐叢錄文物》記載介紹，張鳴岐製作的手爐厚薄均勻，整爐
　　　　不用鑲嵌或焊接，爐蓋雕鏤精良，腳踏不瘸，時人寶之。

3395

**清·張鳴岐製款紅銅手爐**

款識：張鳴岐製

**MING DYNASTY A COPPER HAND WARMER WITH 'ZHANG MING QI' MARK**

高：7cm 通徑：11.8cm 重：645g

RMB: 20,000－30,000

款者簡介：張鳴岐，嘉興人，明代製爐名家。他以上好紅銅製爐，人稱“張爐”。據《鑒物廣識》、《新溪雜詠小集》、《梵天爐叢錄文物》記載介紹，張鳴岐製作的手爐厚薄均勻，整爐不用鑲嵌或焊接，爐蓋雕鏤精良，腳踏不癟，時人寶之。

3396
清·各式毛筆一組

QING DYNASTY A GROUP OF WRITING BRUSHES
尺寸不一
數量：184
RMB: 10,000－20,000

**3397**

清·骨雕孤山放鶴圖毛筆

銘文：孤山放鶴圖。戊辰二月居庵並記。古泉（白）。

QING DYNASTY  A BONE WRITING BRUSH WITH CRANE PATTERN

長：27.5cm

RMB: 30,000－50,000

筆桿局部圖

3398
明 · 漆製山水人物圖倭角香盤

MING DYNASTY  A LACQUERED TRAY WITH LANDSCAPE AND FIGURE
PATTERNS

長：35cm  寬：12.5cm
RMB: 20,000－30,000

盤內紋飾

3399
清·剔紅高士圖毛筆

MING DYNASTY  A CINNABAR LACQUER WRITING BRUSH WITH
SCHOLAR PATTERN
長：25.2cm
RMB: 30,000－50,000

3400

明 · 剔犀靈芝紋小香盒

說明：原配日本老盒。

QING DYNASTY  A *TIXI* INCENSE CASE WITH GANODERMA PATTERN

高：2.3cm　直徑：5cm

RMB: 20,000－30,000

3401
清早期·剔紅山水人物圖香盒
說明：原配日本老盒。
EARLY QING DYNASTY A CINNABAR LACQUER INCENSE CASE WITH
LANDSCAPE AND FIGURE PATTERNS
高：3cm 直徑：6.2cm
RMB: 30,000－50,000

清·剔犀如意紋香几

QING DYNASTY  A *TIXI* STAND WITH AUSPICIOUS PATTERN

高：38cm　長：32.3cm　寬：27cm

RMB: 40,000－60,000

3403
## 清·石楳款刻詩文錫壺
銘文：上如權下如瓦，秦金漢石贈嗜古者。乙酉秋八月。鑒湖石楳銘。

QING DYNASTY A TIN TEAPOT WITH INSCRIPTION AND 'SHI MEI'
MARK

高：12.5cm　通徑：13.5cm

RMB: 20,000—30,000

款者簡介：石楳，原名朱堅，山陰人，僑寓松江。晚署老某，號鶴道人，又稱梅道人。
　　　　　石楳能以精錫製茗壺，首創砂胎錫包壺，並親自刻字畫於其上，人比之曼
　　　　　生砂壺，為世所重。並工鑒賞，多巧思，能畫，善墨梅，具蒼古之致，兼
　　　　　長人物花卉，篆、隸、行、楷均勁逸有風致，尤精鐵筆，竹、石、銅靡不工。
　　　　　著有《壺史》。

背面紋飾

3404
清乾隆・青花釉裡紅鹿頭尊一對

說明：此尊體態豐盈碩大，通體以青花釉裡紅滿繪折枝牡丹紋樣，上下分別裝飾蕉葉紋及一方連續紋，紋飾繁複緊密，畫工複雜而不失嚴謹之態，尚有乾隆之風。

QIANLONG PERIOD, QING DYNASTY A PAIR OF BLUE-
AND-WHITE COPPER-RED VESSELS

1. 高：44.5cm
2. 高：44.5cm
數量：2
RMB：350,000—380,000

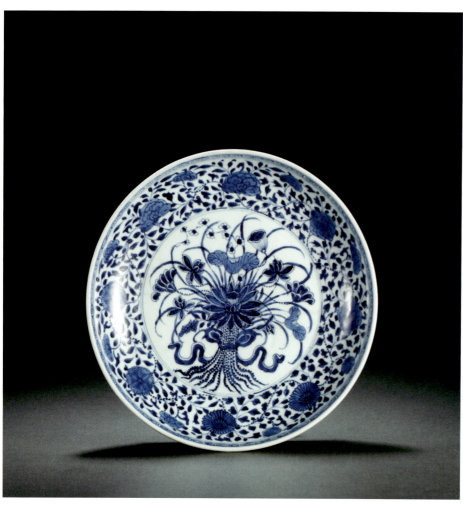

3405

清雍正 · 青花一束蓮紋盤

YONGZHENG PERIOD, QING DYNASTY A BLUE-AND-WHITE DISH WITH LOTUS PATTERN

高：4.8cm　口徑：27.5cm
RMB: 35,000－50,000

3406

明 · 龍泉窯六方形帶花鈕花盆

MING DYNASTY A 'LONGQUAN' CELADON FLOWERPOT

高：11.3cm　通徑：17.6cm
RMB: 30,000－50,000

3407
清·大清嘉慶年製款木釉紋筆洗一對
款識：大清嘉慶年製

QING DYNASTY  A PAIR OF FAUX-BOIS GLAZED BRUSH WASHERS WITH
'JIAQING' MARKS

1. 帶座高：14.2cm　高：11.9cm　口徑：11.3cm
2. 帶座高：14.2cm　高：11.9cm　口徑：11.3cm
數量：2
RMB: 50,000－80,000

3408
民國·熊夢亭製淺絳彩花瓶

題說：惟有此花開不厭，一年常占四時春。時在丁醜年夏月熊夢亭作。

款識：金石

REPUBLIC OF CHINA  A PAINTED FLOWER HOLDER MADE BY XIONG MENGTING

高：13cm

RMB: 20,000－30,000

款者簡介：熊夢亭，清晚期瓷器彩繪名家，作品以花鳥為常見，兼工帶寫，書法勁健，用筆講究出鋒，擅用墨彩。

題說

3409
明·龍泉窯粉青釉龍紋大盤

MING DYNASTY  A 'LONGQUAN' CELADON DISH WITH DRAGON
PATTERN

高：7cm　口徑：34cm
RMB: 150,000－180,000

3410

清·紅木嵌花鳥粉彩瓷板落地插屏

說明：花卉瓷板插屏，花卉紋紅木板構架，八片瓷板拼接而成，黃地粉彩瓷板為主體，上呈松
　　　樹牡丹，喜鵲成雙等紋飾，其座兩側雕刻太平有象。整器鮮艷華貴，寓意吉祥。

QING DYNASTY　A FAMILLE ROSE PORCELAIN PLAQUE-INLAID
MAHOGANY TABLE SCREEN

高：110cm　長：103.4cm　寬：30.2cm
RMB: 220,000－250,000

3411

清·紫檀木嵌螺鈿八仙人物屏一對

銘文：1. 知章騎馬似乘船，道逢麹車口流涎。恨不移
封向酒泉，銜杯樂聖稱世賢。

2. 蘇晉長齋繡佛前，長安市上酒家眠。天子呼
來不上船，揮毫落紙如雲煙。

說明：條屏紫檀木為材，以薄螺鈿鑲嵌八仙人物圖。
屏上半部以螺鈿飾一圈祥雲如意紋，靈芝的枝
蔓交纏扭結，花葉婀娜擺動，具繁華的裝飾效果。
圖案的裝飾是以偏白色的薄螺鈿配合以金銀片
鑲嵌而成，薄螺鈿工藝元明時期即已有之，清
代到達新的高峰，此對條屏工藝精湛，裝飾細膩，
屬於難得的薄螺鈿大型器具。

QING DYNASTY A PAIR OF MOTHER-
OF-PEARL INLAID ZITAN SCREENS WITH
FIGURE PATTERN

1. 長：231cm 寬：27.5cm
2. 長：231cm 寬：27.5cm
數量：2
RMB: 150,000－200,000

正面圖

螺鈿紋飾局部圖

背面圖

3412

清·王震銘紅木嵌雲石天圓地方掛屏

銘文：春林□□。平□克□居士。□。
荒郊霜路。新安白龍山人竹石。□。

QING DYNASTY  A MARBLE-INLAID
MAHOGANY HANGING SCREEN
INSCRIBED BY WANG ZHEN

長：148cm　寬：70.4cm
RMB：80,000－100,000

銘者簡介：王震（1867～1938），字一亭，號白龍
山人、海雲樓主，浙江湖州人，寄居上海。
與任伯年、吳昌碩友善。工書畫，所作
花果、鳥獸、佛像，雄健渾厚，與吳昌
碩相近。為海上重要名家之一。

3413
民國·紅木嵌骨葵形亭台樓閣圖圓桌
REPUBLIC OF CHINA A CIRCULAR LOBED BONE-INLAID MAHOGANY
TABLE WITH PAVILION PATTERN
高：74cm 通徑：55cm
RMB: 25,000－35,000

3414
清 · 竹編漆捧盒
MING DYNASTY  A LACQUERED BAMBOO CASE
高：15.5cm　直徑：26cm
RMB: 20,000－30,000

3415

清·核雕人物手串

QING DYNASTY  A WALNUT BRACELET WITH FIGURE PATTERN

珠徑：1.5cm
數量：18
RMB: 20,000－30,000

3416

沉香木料

說明：原配日本老盒。

A PIECE OF FINE EAGLEWOOD

長：15cm　重：117.8g
RMB: 20,000－30,000

3417

雞血石章料及隨形把件一組三件

TWO BLOODSTONE SEAL MATERIALS AND A BLOODSTONE
ORNAMENT

1. 長 : 4.5cm　寬 : 5.5cm
2. 高 : 7.5cm
3. 高 : 7.4cm
RMB: 10,000－20,000

3418
翡翠對章

A PAIR OF JADEITE SEALS
1：高：3.8cm
2：高：3.9cm
數量：2
RMB: 80,000－120,000

3419
壽山石雕獸鈕章料

A SHOUSHAN STONE 'BEAST' SEAL MATERIAL
高：10.8cm
RMB: 15,000－30,000

3420

白玉雕童子把件一组两件

TWO WHITE JADE 'BOY' CARVINGS

1. 長：6cm
2. 長：5.2cm

RMB: 10,000－20,000

3421
林肖款壽山石雕漁翁得利擺件
款識：林肖

A SHOUSHAN STONE FIGURE OF FISHERMAN WITH 'LIN XIAO' MARK
高：13.7cm
RMB: 15,000－20,000

林肖款壽山石雕漁翁得利擺件
款識：林肖

3422
雞血石隨形擺件

A BLOODSTONE ORNAMENT

高：14.7cm
RMB: 28,000－50,000

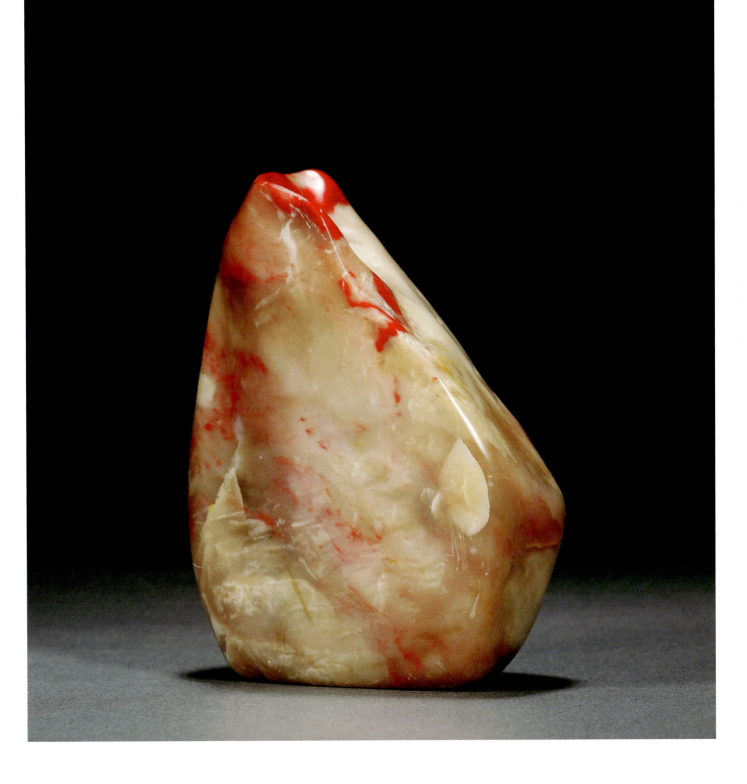

3422
雞血石隨形擺件

A BLOODSTONE ORNAMENT

3423
清・內譚郊社款銅鉢式爐
款識：內譚郊社

QING DYNASTY A BROZNE CENSER WITH 'NEI TAN JIAO SHE' MARK
高：10.8cm　通徑：18.2cm　重：2698g
RMB: 無底價

3423
清・內譚郊社款銅鉢式爐
款識：內譚郊社

3424
清·各式銅爐一組兩件

QING DYNASTY A GROUP OF TWO BRONZE CENSERS

1. 高：8.7cm　通徑：13.8cm　重：696g
2. 高：9.4cm　通徑：12.2cm　重：945g

RMB: 無底價

清·各式銅爐一組兩件

QING DYNASTY A GROUP OF TWO BRONZE CENSERS

3425

清·各式銅爐一組兩件

QING DYNASTY  A GROUP OF TWO BRONZE CENSERS

1. 高：7.8cm　通徑：8.9cm　重：1054g
2. 高：7.9cm　通徑：10.6cm　重：1050g

RMB: 無底價

3425

清·各式銅爐一組兩件

QING DYNASTY  A GROUP OF TWO BRONZE CENSERS

3426
清·各式銅爐一組兩件

QING DYNASTY  A GROUP OF TWO BRONZE CENSERS

1. 高：8cm　通徑：12.5cm　重：616g
2. 高：5.6cm　通經：12cm　重：381g

RMB: 無底價

3427

清·各式銅爐一組兩件

QING DYNASTY A GROUP OF TWO BRONZE CENSERS

1. 高：8.4cm　通徑：8.8cm　重：456g

2. 帶座高：12.6cm　高：10cm　通徑：10.9cm　重：552g

RMB: 無底價

3428
清・各式銅爐一組兩件

QING DYNASTY A GROUP OF TWO BRONZE CENSERS

1. 高：6.9cm　通徑：7.7cm　重：507g

2. 高：7.4cm　通徑：12.4cm　重：1637g

RMB: 無底價

3429

清·各式銅爐一組兩件

QING DYNASTY  A GROUP OF TWO BRONZE CENSERS

1. 高：7.6cm　通徑：13.5cm　重：660g

2. 帶座高：10.5cm　高：7.6cm　通經：9.3cm　重：739g

RMB: 無底價

3430
清·各式銅爐一組兩件

QING DYNASTY  A GROUP OF TWO BRONZE CENSERS

1. 高：6.9cm　通徑：7.7cm　重量：480g
2. 高：6cm　通徑：8.8cm　重：222g

RMB: 無底價

清·各式銅爐一組兩件

QING DYNASTY  A GROUP OF TWO BRONZE CENSERS

3431
清 · 各式銅爐一組兩件

QING DYNASTY  A GROUP OF TWO BRONZE CENSERS

1. 高：6cm　通徑：7.8cm　重：175g
2. 高：6.1cm　通徑：6.7cm　重：616g

RMB: 無底價

3432
清 · 各式銅爐一組兩件

QING DYNASTY  A GROUP OF TWO BRONZE CENSERS

1. 高：8cm    通經：8.8cm    重：1125g
2. 高：6.9cm    通徑：10.5cm    重量：547 g
RMB: 無底價

3433
清・大明宣德年製款銅如意三足爐
款識：大明宣德年製

**QING DYNASTY  A TRIPOD BRONZE CENSER WITH 'XUANDE' MARK**

高：11.2cm    通徑：14.4cm    重：978g
RMB: 無底價

3434
清·銅製胡人馴獸像

QING DYNASTY  A BRONZE FIGURE AND A BEAST

高：13cm　長：12cm

RMB: 5,000－8,000

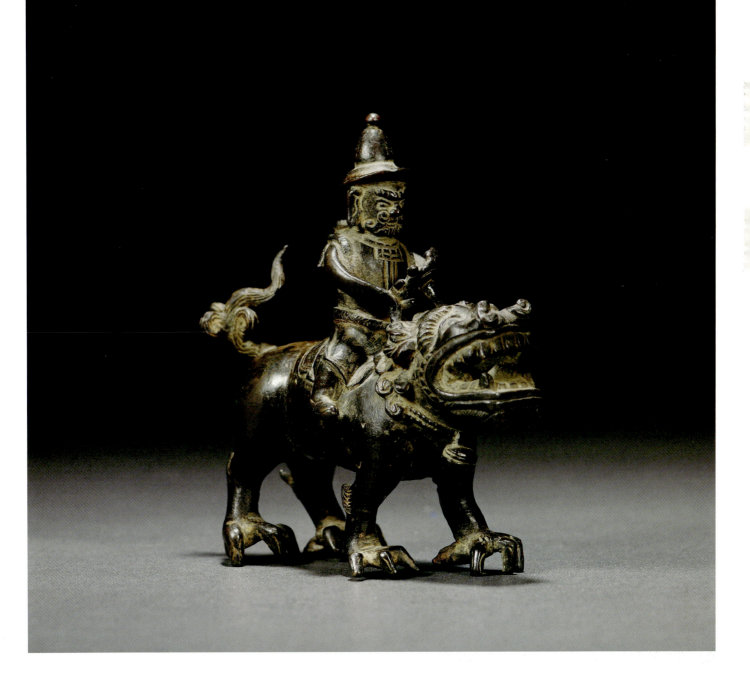